英亩的钻石

多年前，当一群英国游客在沿着底格里斯河和幼发拉底河航行时，我发现自己是在我们在巴格达雇用的一位古老的阿拉伯向导的指导下，而且我经常想到该向导在某些心理特征上与我们的理发师很像。他认为，不仅要引导我们沿着这些河流走下去，做他应得的报酬，而且还要用有趣而古怪，古老而现代，奇怪而熟悉的故事来招待我们，这不仅是他的职责。我忘记了很多，我很高兴，但是我永远不会忘记。

这位老导游带领着我的骆驼沿着那条古老的河水沿河而行，他逐个故事地讲给我听，直到我厌倦了讲故事的并不再听了。当我停止听他发脾气时，我从未对那个向导感到恼火。但我记得他脱下土耳其帽，转了一圈以引起我的注意。我可以从我的眼角看到它，但我决定不直视他，以免他会讲另一个故事。但是，尽管我不是一个女人，但我终于看了，而我一看，他就直接进入了另一个故事。

他说："我现在将告诉您一个我保留给特定朋友的故事。"当他强调"特殊的朋友"一词时，我听了，我曾经很高兴。我真的非常感激，有1674名年轻人被这次讲座带到了大学，他们也很高兴我听了。这位老导游告诉我，曾经有一位居民在离印度河不远的古印度人阿里哈德（）住过。他说阿里·哈弗德（）拥有一个非常大的农场，他有果园，粮田和花园。他有利息的钱，而且是个富足而知足的人。他之所以满足是因为他很富有，而之所以富有是因为他很满足。有一天，那里拜访了那个古老的波斯农民，其中一位是古老的佛教僧侣，是东方的智者之一。他在炉火旁坐下，并告诉老农夫我们这个世界是如何形成的。他说这个世界曾经只是一堆雾，全能者将他的手指刺入这[5]雾，然后慢慢地移动手指，加快了速度，直到他终于旋转了这雾变成坚固的火球。然后它穿过宇宙，在其他雾气中燃烧，然后凝结水分，直到湿热的表面上被雨水淹没，并冷却了外层的地壳。然后，通过地壳向外爆发的内部大火席卷了我们这个奇妙世界的山脉和丘陵，山谷，平原和草原。如果内部熔化的物质突然破裂并迅速冷却，它将变成花岗岩。铜的速度较慢，银的速度较慢，金的速度较慢，金制成的钻石制造得较慢。

老牧师说："钻石是凝结的阳光。"现在从科学上讲是真的，钻石是太阳中碳的实际沉积物。老祭司告诉阿里，如果他有一个拇指大小的钻石，就可以购买该县。如果他拥有钻石的矿山，则可以通过其巨大财富的影响将他的子女置于王位上。

阿里哈弗德（）听说了所有有关钻石的信息，它们的价值是多少，那天晚上一个可怜的人上床睡觉。他没有损失任何东西，但是他因为不满而贫穷，而因为担心自己贫穷而不满。他说："我想要钻石矿。"他整夜未眠。

[6]清晨，他找到了牧师。我从经验中知道，一个牧师在清晨醒来时非常交叉，当他从梦中摇摇那位老牧师时，阿里·哈夫德对他说：

"你能告诉我在哪里可以找到钻石吗？"

"钻石！您想要钻石吗？" "为什么，我希望变得非常有钱。" "好吧，那就继续寻找它们。这就是您要做的全部；继续寻找它们，然后您就拥有了它们。" "但是我不知道去哪里。" "好吧，如果您发现一条河流穿越高山之间的白色沙滩，那么在这些白色沙滩中您总会发现钻石。" "我不相信有这样的河流。" "哦，是的，它们很多。您所要做的就是去找到它们，然后再得到它们。"阿里开心地说，"我会去的。"

于是他卖掉了自己的农场，收了钱，离开了一家人来管理一个邻居，然后去寻找钻石。在我看来，他在月亮山上开始了搜寻。之后他来到巴勒斯坦，然后游荡到欧洲，最后当他的钱花光了，身陷破烂，悲惨和贫穷时，他站在西班牙巴塞罗那那个海湾的岸上，汹涌的浪潮在大力士的柱子之间滚滚而来，可怜的，痛苦的，受苦的，垂死的人无法抵御将自己投向那股即将来临的浪潮的可怕诱惑，[7]他沉入了泡沫的波峰之下，从此不再上升今生

当那个老向导告诉我一个可怕的故事时，他停下了我骑着的骆驼，回去修理了从另一只骆驼上下来的行李，当他走了时，我有机会对他的故事进

行了思考。我记得自己对自己说过："他为什么要为他的"特殊朋友"保留这个故事？"似乎没有开始，没有中间，没有终点，也没有任何东西。那是我一生中听到的第一个故事，也是我读过的第一个故事，在第一章中英雄被杀死。我只有那个故事的一章，英雄已经死了。

当向导返回并拿起我的骆驼背心时，他继续讲故事，进入第二章，好像没有休息一样。一天买了阿里·哈弗德农场的人把他的骆驼带到花园里喝酒，当那头骆驼把鼻子伸进花园小溪的浅水里时，阿里·哈弗德的继任者注意到溪流中白沙发出的奇怪的光芒。他拔出一块黑色的石头，上面有光，反射着彩虹的所有色调。他把鹅卵石带进了屋子，放到覆盖着中央大火的壁炉架上，忘了一切。

几天后，同一位老牧师进来拜访阿里·哈弗德的继任者，当他打开客厅的门的那一刻，他看见壁炉架上闪烁着光芒，便冲上去大喊：这是钻石！阿里回来了吗？""哦，不，阿里·哈弗德还没有回来，那不是钻石。那不过是我们在自己的花园里发现的一块石头。""但是，"牧师说，"我告诉你，我看到钻石的时候就知道。我肯定知道那是钻石。"

然后他们一起冲进那个古老的花园，用手指搅动白色的沙滩，瞧！出现了比第一个更美丽，更有价值的宝石。对我的向导说："因此，从历史上讲，这是真的，并且是朋友，"发现了戈尔康达的钻石矿，这是人类历史上最宏伟的钻石矿，使金伯本身具有令人赞叹的地位。英格兰和俄罗斯的皇冠上的宝石是世界上最大的宝石。"

当那个古老的阿拉伯向导告诉我他故事的第二章时，他摘下了土耳其帽，再次高高地挥舞着，以引起我对道德的关注。那些阿拉伯导游对他们的故事有道德感，尽管他们并不总是道德的。当他挥舞着帽子时，他对我说："阿里被留在家中，在自己的地窖里，在自己的麦田下，在自己的花园里挖，而不是因自杀而琐，饥饿和死亡。在一个陌生的土地上，他本来会有"英亩的钻石"。是的，在那片古老农场的每英亩土地上，每次铲土后都露出宝石，这些宝石自此装饰了君主的冠冕。"

当他在他的故事中增添了道德感时，我明白了为什么他将其保留给"他的特定朋友"。但是我没有告诉他我可以看到。那是老阿拉伯人绕开律师之类的事情的方式，间接说出他不敢直接说的话，"以他个人的观点，有一个年轻人然后沿着底格里斯河游了，最好是在美国的家。"我没有告诉他我可以看到，但是我告诉他他的故事使我想起了一个，我很快就告诉了他，我想我会告诉你的。

我告诉他1847年在加利福尼亚的一个人，他拥有一个牧场。他听说他们在加利福尼亚南部发现了黄金，于是出于对黄金的热爱，他把牧场卖给了萨特上校，他走了，再也没有回来。萨特上校在穿过牧场的溪流上放了水，有一天，他的小女孩从跑道上带了一些湿沙子到他们的家中，并用大火在她的手指上过筛，在那下落的沙子中，一位访客看到了第一在加利福尼亚发现的真实黄金的闪亮鳞片。拥有那个牧场的那个人想要黄金，而他本来可以仅仅为了获取而获得黄金。自那时以来，实际上已经从很少的一英亩土地上拿走了三千八百万美元。大约八年前，我在这个农场的一个城市里发表了[10]这个演讲，他们告诉我，多年来，三分之一的所有者每十五分钟就得到120美元的黄金，无论是睡觉还是睡觉。醒来，无需征税。如果我们不必支付所得税，您和我将享受这样的收入。

但实际上比我们宾夕法尼亚州的情况更好。如果平台上有什么我喜欢的东西，那就是要让宾夕法尼亚州的这些德国观众中的一个比我先，向他们开火，直到今天晚上我都喜欢。有一个人居住在宾夕法尼亚州，与您看到的一些宾夕法尼亚州人不同，他拥有一个农场，如果我在宾夕法尼亚州拥有一个农场，他就应与那个农场做我应该做的事-他卖了它。但是在他出售之前，他决定为表弟找工作，该表弟当时是在加拿大经商的，当时他们是在加拿大首次发现石油的。他们在那早的时候将其从流水中浸入。所以这位宾夕法尼亚州的农民写信给他的堂兄求职。你看，朋友，这个农夫根本不是一个愚蠢的人。不，他不是。他直到有别的事情要做才离开农场。*在星星闪耀的所有简单事物中，我不知道有谁比在找到一份工作之前就离开一份工作的人更糟。*这特别涉及我的职业，却与寻求离婚的男人[11]无关。当他写信给堂兄求职时，堂兄回答说："我不能聘请您，因为您对石油业务一无所知。"

好吧，那位老农夫说："我会知道的。"他以最值得称赞的热情（寺院大学学生的特点）着手研究整个主题。他在神创造的第二天就开始离开了，那时这个世界被茂密的植被覆盖着又厚又深，从那以后变成了原始的煤层。他研究了这个问题，直到他发现那些富煤层的排水系统确实提供了值得抽水的煤油，然后他发现了泉水是如何产生的。他研究直到知道它的外观，闻起来，尝起来以及如何改进它。现在，他在给表弟的信中说："我了解石油行业。"他的堂兄回答："好吧，来吧。"

因此，根据县的记录，他以833美元（甚至是钱，"没有分"）的价格出售了自己的农场。他几乎没有离开过那个地方，然后买了那个地方的那个人出去安排给牛浇水。他发现以前的主人几年前就出去了，并在谷仓后面的小溪上放了一块木板，向水面边缘几英寸的地方。那块木板在小溪中成锐角的目的是要把另一头[12]看上去很可怕的浮渣扔给另一岸，牛们不会把它们穿过鼻子。但是用那块木板把它全部扔到一边，牛就会在下面喝，因此那个去加拿大的人本人要阻止洪水二十三年了，州政府的地质学家宾夕法尼亚州在十年后向我们宣布对我们州来说价值一亿美元，而四年前，我们的地质学家宣布这一发现对我们州而言价值一亿美元。从神创造的第二天开始，一直到现在，拥有蒂特斯维尔市现在站立的领土和那些宜人的山谷的人一直在研究这个主题。他研究了它，直到他对它全部了解为止，但是据说他已经以833美元的价格卖掉了它的全部，我再说一遍，"毫无意义"。

但我需要另一个例证。我在马萨诸塞州找到了它，很抱歉我这样做了，因为那是我来自的州。这个马萨诸塞州的年轻人提供了我思想的另一个阶段。他去耶鲁大学学习矿山和采矿，并成为一名采矿工程师，因此被大学当局雇用来培训落后班级的学生。在他高三的时候，他每周赚15美元。当他毕业时，他们的薪水从每周15美元提高到45美元，并提供了教授职位。[13]如果他们将男孩的薪水从15美元提高到15.60美元，他会留下来并为这个地方感到骄傲，但是当他们将薪水一次提高到45美元时，他说："母亲，我不会为45美元工作"一个星期，有一个像我这样的脑子的男人，每周工作要花45美元！"让我们到加利福尼亚去，拿出金矿和银矿，然后发大财。"

他的母亲说："现在，查理，幸福和富裕一样好。"

"是的，"查理说，"但同时也要富有和快乐。"他们都说对了。因为他是独生子，而她却是寡妇，所以他当然有办法。他们总是这样做。

他们在马萨诸塞州卖光了，而不是去加利福尼亚，而是去了威斯康星州，在那里他再次以每周15美元的价格受雇于高级铜矿开采公司，但合同中有附带条件，他应该对任何他应该为公司发现的地雷。我不相信他曾经发现过一个矿山，而且如果我正面对着那个铜公司的任何股东，您希望他发现了其他东西。我有一些朋友不在这里，因为他们买不起票，而这个年轻人在那儿受雇时确实在那家公司有股票。这个年轻人出去了，我没有听到他的话。我不知道他怎么了，我也不知道他是否发现了任何地雷，但我不相信他曾经找到过。

但是我知道那条线的另一端。在继任者出去挖土豆之前，他几乎没有离开过旧宅基地。当他购买农场时，土豆已经在地上种下了，而当老农夫带进一篮子土豆时，它紧紧地围在石篱笆的两端之间。您知道在马萨诸塞州，我们的农场几乎都是石墙。在这里，您必须非常经济地使用前网关，以便有放置石头的地方。当那个篮子紧紧地抱住时，他将它放到地上，然后拖到一侧，再拉到另一侧，当他把那个篮子拖过那个农民时，发现在那堵石墙的上，外角，在大门旁边，是一块八英寸见方的原生银块。那位矿产，采矿和矿物学教授对这门学科非常了解，以至于他每周不能以45美元的价格工作，当他在马萨诸塞州出售那处宅基地时，正坐在那银上赚钱。他出生在那个宅基地，被带到那儿，用袖子来回摩擦石头，直到反映出他的面容为止，似乎在说："这里只有十万美元。"但他不会接受。那是在马萨诸塞州纽伯里波特的一所房子里，那里没有[15]银，全都掉了-恩，我不知道在哪里，他没有，但是在其他地方，他是矿物学教授。

我的朋友们，这个错误很普遍，为什么我们还要对他微笑。我经常想知道他的情况如何。我一点也不知道，但是我会告诉你我作为洋基的"猜测"。我猜想他今晚和朋友们围坐在他的炉子旁坐在那里，他对他们说着这样的话："你知道那个住在费城的人居然吗？""哦，是的，我听说过他。""你知道住在费城的人琼斯吗？""是的，我也听说过他。"

然后他开始大笑，并摇了摇头，对他的朋友说："好吧，他们做的和我做的完全一样，恰好"—这破坏了整个笑话，因为你和我都做过他做到了，而我们坐在这里嘲笑他时，他有更好的权利坐在那里嘲笑我们。我知道我犯了同样的错误，但是，那当然不会有任何区别，因为我们不希望同一个人鼓吹和实践。

当我今晚来到这里，环顾四周的观众时，我再次看到了我五十年来不断看到的东西-那些犯同样错误的人。我通常希望我能见到年轻人，并希望该学院在今晚被我们的高中学者和语法学校学者所充满，[16]我可以让他们与他们交谈。我本来希望这样的观众，因为他们最容易受到影响，因为他们没有像我们一样成长为偏见，他们没有陷入无法打破的习惯，也没有遇到任何失败。我们有

;尽管我也许可以做一个比成年人更好的听众，但是我将尽我所能，尽我所能。我对您说，您现在居住的费城有"英亩的钻石"。"哦，"但是您会说，"如果您认为这里有"英亩的钻石"，那么您对您的城市一无所知。"

我对那个在北卡罗来纳州发现钻石的年轻人的报纸上的那个报道非常感兴趣。它是迄今发现的最纯净的钻石之一，并且在同一地点附近有数个前辈。我去了一位著名的矿物学教授，问他他认为这些钻石来自哪里。教授获得了我们大陆的地质构造图，并对其进行了追踪。他说，它要么穿过适合于这种生产的下层石炭纪地层，要么穿过俄亥俄和密西西比河向西，要么更有可能穿过弗吉尼亚州向东到达大西洋沿岸。事实是钻石在那里，因为它们已经被发现并出售；并且他们是在漂流期间从北部某个地方被带到那里的。现在谁能说，但是有人在费城进行钻探时会在这里找到一些钻石矿的痕迹？哦，朋友们！您不能说您尚未超越世界上最大的钻石矿之一，因为这种钻石仅来自地球上最赚钱的地雷。

但这只是为了说明我的想法，我强调说，如果您从字面上看没有真正的钻石地雷，那么您就会拥有对您有好处的一切。因为现在英国女王对美国妇女的装扮给予了最大的赞美，因为她在英国后期接待会上根本没有任何珠宝，所以无论如何它几乎都没有使用钻石。您所要照顾的就是，如果您想保持谦虚的身材，会穿几只，其余的则是为了卖钱。

现在，我再说一遍，现在费城已经有了致富，致富的机会，几乎每个听我说晚饭的男人和女人都可以做到，而我的意思就是我所说的。即使在这种情况下，我也没有来到这个平台为您背诵一些东西。我来告诉你我相信上帝在我眼里是什么，如果生命的岁月对我来说具有任何常识意义，[18]我知道我是对的。坐在这里的男人和女人，他们发现很难买到这堂课的门票或今晚聚会，他们在自己的伸手可及的范围内拥有了"英亩的钻石"，从而有机会大幅度致富。如今，地球上再没有哪个地方比费城更能适应这个世界了。在世界历史上，没有资本的穷人从来没有像现在这样的城市拥有过如此迅速而诚实地致富的机会。我说的是事实，我希望你这样接受。因为如果您认为我只是简单地背诵某件事，那么我最好不要在这里。我没有时间在这种谈话上浪费时间，而是要说我相信的事情，除非你们中的一些人因我今晚所说的话变得更加富有，否则我的时间就浪费了。

我说你应该致富，而致富是你的责任。我虔诚的弟兄中有多少人对我说："您，一个基督教部长，在全国上下花费您的时间来建议年轻人致富，赚钱吗？""是的，我当然会。"他们说："不是那么糟糕！为什么不讲福音而不是讲人的赚钱呢？

""因为诚实地赚钱是在传福音。"这就是原因。富有的人可能是您在社区中找到的最诚实的人。

"哦,"但是今晚在这里的一个年轻人说,"我一生都被告知,如果一个人有[19]钱,他将是非常不诚实,不诚实,卑鄙和可鄙的。"我的朋友,这就是为什么你什么都没有的原因,因为你对人有这种想法。你信仰的基础是完全错误的。让我在这里清楚地说一下,虽然我现在没有时间讨论,但尽管经过讨论,但在美国一百位有钱人中有百分之九十八是诚实的。这就是为什么他们有钱。这就是为什么他们信任金钱。这就是为什么他们开展伟大的企业并找到很多人与他们合作的原因。因为他们是诚实的人。

另一个年轻人说,"我有时听到有人不诚实地赚到数百万美元。"是的,你当然可以,我也是。但实际上它们是如此罕见,以至于报纸一直以新闻为话题谈论它们,直到您意识到其他所有有钱人都变得不诚实了。

我的朋友,如果要提供汽车,您可以带我开车去费城郊区,把我介绍给在这座大城市附近拥有房屋的人,那些有花园和鲜花的美丽房屋,那些如此可爱的宏伟房屋在他们的艺术中,我将向您介绍我们城市中品格和企业上最出色的人,您知道我会的。一个人只有拥有自己的房屋才算是真正的男人,拥有房屋使拥有房屋的人更加光荣,诚实和纯正,[20]真实,经济和谨慎。

一个人即使有大笔的钱也并不是一件容易的事。我们宣讲贪婪，而你知道我们在讲台上这样做，并且经常反对讲道那么久，并且经常使用"肮脏的暴食"一词，以至于基督徒得到这样的观念：当我们站在讲坛上时，我们相信它是邪恶的让任何人有钱-直到收款篮四处走动，然后我们几乎向人们发誓，因为他们不给更多钱。哦，那样的教义不一致！

金钱就是力量，您应该有足够的野心去拥有它。您应该这样做，因为与没有它相比，您可以做得更好。金钱印上了圣经，金钱建立了教会，金钱派遣了传教士，金钱支付了您的传道人，如果您不付钱，您也不会有很多。我一直希望我的教会提高我的薪水，因为薪水最高的教会总是最容易提高薪水。您一生中都不曾有例外。薪水最高的人可以利用提供给他的力量最大程度地发挥作用。当然，如果他的精神是正确的，他可以将其用于给予他的东西。

我说，那你应该有钱。如果您能诚实地获得费城的财富，那么这样做是您基督徒和上帝的责任。[21]这些虔诚的人认为自己必须很穷才能虔诚是一个可怕的错误。

有些人说："你不怜悯穷人吗？"我当然会，否则这些年我不会讲学。我不会屈服，但我对穷人表示同情，但是要同情的穷人人数很少。同情一个因上帝的罪而受到惩罚的人，从而在上帝仍将继续受到公正惩罚的情况下帮助他，这是做错的，这毫无疑问，我们所做的比我们对应得的人的帮助还要大。尽管我们应该同情上帝的穷人，也就是那些无能为力的人，但让我们记住，在美国，没有一个穷人没有因自己的缺点或其他人的缺点而变得贫穷。无论如何，贫穷是不对的。让我们屈服于该论点，并将其传递给一方。

一位绅士回到那里说："你不认为这个世界上有些东西比钱还好吗？"当然可以，但是我现在谈论的是金钱。当然有些东西比金钱还高。哦，是的，我知道让我一个人站着的坟墓，这个世界上有些东西比金钱要高，甜，纯。我知道有些东西比黄金还高和宏伟。爱情是神的土地上最伟大的事物，但幸运的是有很多钱的情人[22]。金钱就是力量，金钱就是力量，金钱既有好处，也有坏处。在好男人和女人的手中，它可以成就，也已经成就了。

我讨厌把它抛在脑后。我听说一个人在我们城市的一次祷告会上站起来，感谢上帝，他是"上帝的穷人之一"。好吧，我想知道他的妻子对此怎么看？她赚了进那所房子的所有钱，他在阳台上抽了一部分钱。我不想再见到那种主的穷人了，而且我不相信主。但是有些人认为为了虔诚，你必须非常贫穷而且非常肮脏。根本就没有。当我们同情穷人时，不要让我们这样教教义。

然而，这个年龄对建议一个基督教徒（或者，正如犹太人会说的一个敬虔的人）建议不要致富。我想，偏见是如此普遍，岁月已经倒退了。我想提一下，几年前，在神殿大学，我们神学院的一名年轻人以为他是该系唯一的虔诚学生。他有一天晚上来到我的办公室，坐在我的办公桌旁，对我说："总统先生，进来与您共事是我的职责，先生。""现在发生了什么？"他说："我听说你在皮尔士学校开学时在学院里说，你认为一个年轻人渴望拥有财富是[23]的雄心壮志，你认为这使他变得节制，使他变得富有。渴望拥有一个好名声，使他勤奋。您谈到了男人渴望有钱来帮助他成为一个好男人。先生，我来告诉您圣经说："金钱是万恶之源。""

我告诉他我从未在圣经中看到过，并建议他走进教堂去拿圣经，然后告诉我这个地方。因此，他去了圣经，不久，他带着敞开的圣经走进了我的办公室，带着那位狭宗派，或以对圣经的某种误解而获得基督教的人的傲慢自大。他把圣经扔在我的桌子上，相当地尖叫到我的耳朵里："有，总统先生；你可以自己读。"我对他说："好吧，年轻人，当您长大一点时，您将学习到您无法相信另一个教派为您阅读圣经。您属于另一个教派。您在神学学校受过教，重点是释经。现在，您愿意拿起那本圣经并亲自阅读，并给予适当的重视吗？"

他拿起圣经，自豪地读到："对金钱的热爱是万恶之源。"

然后他说对了，当有人确实引用那本旧书时，他引用了绝对真理。我度过了这本旧书有史以来最艰苦的战斗五十年，而且我还活着看到它的旗帜自由飘扬[24]；因为在这个世界的历史上，从来没有一个世界的伟大思想家如此普遍地同意圣经是真实的-都是真实的-就像他们在这一时刻所做的那样。

所以我说，当他引用正确时，他当然引用了绝对真理。"热爱金钱是万恶之源。"试图过快或不诚实地达到目标的人会陷入许多陷阱，这毫无疑问。对金钱的热爱。那是什么？它创造了金钱的偶像，神圣的经文和人类的常识谴责了纯洁而简单的偶像崇拜。崇拜美元而不是思考应该使用美元的目的的人，简单地将钱偶像化，将钱浪费在地窖中，或将其藏在股票中或拒绝将其投资于其他地方的徒那对世界有利，那个拥抱美元直到老鹰尖叫的人在他里面有了所有邪恶的根源。

我想我现在将其抛在脑后，回答几乎所有问到的问题："是否有机会致富费城？"好吧，现在，查看事物的位置是一件多么简单的事，看到它在哪里的瞬间就属于您。一位老先生回到那里说："康维尔先生，您在费城住了三十一年，不知道在这个城市做任何事情的时间已经过去了吗？""不，我认为不是。""是的，是的；我已经尝试过了。""你从事什么业务[25]？""我在这里开了一家商店二十年了，整个二十年来从未赚过一千美元。"

"那么，你可以用这座城市给你的报酬来衡量你去这座城市所获得的好处，因为一个人可以很好地判断他所获得的价值，即他对世界的价值。在这个时候，如果你已经二十年没有在费城达千元以上了，将得到更好的费城，如果他们你19年九个月前踢的城市了。一个人没有权利保持在费城开了二十年，即使是郊区的杂货店，也赚不到五十万美元。"你说："现在你不能在商店赚五千美元。"哦，我的朋友们，如果您仅在您周围走四个街区，找出人们想要的东西，以及您应该提供的东西，并用铅笔放下它们，并弄清楚如果您提供它们，您将获得的利润，您很快就会看到它。声音中蕴藏着财富。

有人说："您对业务一无所知。传教士对业务一无所知。"好吧，那么，我将不得不证明我是专家。我不喜欢这样做，但是我必须这样做，因为如果我不是专家，我的证词将不会被接受。我父亲开了一家乡村商店，如果星空下有任何地方，一个人可以在各种商业交易中获得各种经验，那就是乡村商店。我不为自己的经历感到骄傲，但是有时候，当我父亲不在时，他会让我来负责商店，尽管对他来说幸运的是这种情况并不常见。但这确实发生了很多次，朋友：一个男人会来商店，对我说："你会拿起刀吗？""不，我们不留千刀"，我吹口哨。我到底在乎那个男人吗？然后另一个农民进来，说："你拿着刀吗？""不，我们不保留千斤顶刀。"然后我走了，吹口哨。然后有第三个人进入同一扇门，说道："你拿着千斤顶刀吗？""不。为什么周围的每个人都在问起切刀？您是否认为我们要保持这家商店为整个街区提供切刀？"您在费城这样经营商店吗？困难之处在于我当时还没有了解敬虔的基础和成功的商业原则完全相同。一个说"我不能把我的宗教带入经商"的人宣称自己要么做事不熟练，要么就在破产之路上，或者说是贼，这是其中的三个。他将在几年内失败。如果他不信奉宗教，他当然会的。如果我按照基督教的计划，敬虔的计划经营父亲的商店，那么我[27]会在第三个人要求的时候给他开一把千斤刀。那时我实际上会对他很友善，而我自己也会得到奖赏，这是我的职责。

有些虔诚的基督教徒认为如果您从所卖的任何东西中获利，那您就是个不义之人。相反，您将以低于成本价的价格出售商品是犯罪分子。您无权这样做。你不能用你的钱去信任一个不能照顾自己的人。您不能相信家里有一个不适合自己妻子的男人。在这个世界上，没有一个人不能以自己的内心，自己的性格和生活为开端，就无法信任他。我有责任为第三个人或第二个人配备一把千斤刀，然后将其卖给他并从中牟利。我没有权利在不赚钱的情况下出售商品，而不是要不诚实地向他多收商品的价值。但是我应该这样卖出每张货物单，以使我所卖给的人的收入与我的收入一样多。

生活和放任生活是福音的原则，也是日常常识的原则。哦，年轻人，听我说；活在当下。不要等到您进入我的岁月，然后再开始享受这一生的一切。如果我拥有这些年来一直试图赚到的数百万美元（或其中的50美分），它[28]不会给我带来什么好处，就像它在今晚几乎神圣的存在下给我带来的好处一样。哦，是的，我多年以来一直努力尝试某种程度的分红，所以今晚我得到了一百倍以上的报酬。我不应该这样讲，听起来很自负，但我现在已经年纪大了，可以为此辩解。我应该帮助我尝试过的同胞，每个人都应该努力去做，并从中得到快乐。一个回到家的人，感觉自己那天偷了一美元，抢走了一个男人应得的诚实，他不会休息。他早上变得疲倦，第二天带着不洁的良心去工作。尽管他可能已经创造了数百万的财富，但他根本不是一个成功的人。但是，一生经历的人总是与同胞分道扬，创造和索取自己的权利和自己的利益，并将自己的权利和利润分配给其他人，每一天都在生活，不仅如此，通往巨大财富的皇家之路。数以百万计的百万富翁的历史表明情况确实如此。

那里的那个人说他无法在费城的一家商店里做任何事情，这是他按照错误的原则经营自己的商店。假设我明天早上走进您的商店，问："您认识住在1平方公里外的1240号房子的邻居吗？""哦，是的，我见过他。他在[29]商店的拐角处交易。""他来自哪里？""我不知道。""他家有几个？""我不知道。""他票多少钱？""我不知道。""他去哪个教堂？""我不知道，也不在乎。你要问所有这些问题吗？"

如果您在费城有一家商店,您会这样回答我吗？如果是这样,那么您的生意就跟我在马萨诸塞州沃辛顿的父亲生意一样。您不知道邻居搬到费城时来自何方,而且您不在乎。如果您曾在意,您现在将成为一个有钱人。如果您对他足够关心,对他的事务很感兴趣,以找出他的需要,那么您将很有钱。但是当您逼历世界时说:"没有机会致富",而您的家门口就有错。

但是另一个年轻人走到那边说:"我不能从事商业。"（当我谈论贸易时,它适用于每个职业。）"为什么你不能从事商业呢？" "因为我没有任何资本。"哦,那个看不见领子的虚弱而笨拙的生物！看到这些小家伙在拐角处站着说:"哦,如果我有足够的资本,我会变得有钱。" "年轻人,您认为您会从资本中致富吗？" "当然。"好吧,我说"肯定不是"。如果您的母亲有很多钱,她会[30]成立您的公司,那么您将"成立她的公司",为您提供资金。

当一个年轻的男人或女人赚到的钱比他或她的实际经验多时,那一刻他就受到了诅咒。对年轻男人或女人继承金钱没有帮助。给孩子留钱对他们没有帮助,但是如果让他们受教育,如果让他们成为基督徒和高贵的品格,如果让他们留下许多朋友,如果给他们起一个光荣的名字,那就更好了比他们应该有钱。他们应该一无所有,对他们来说更糟,对国家更糟。哦,年轻人,如果您继承了金钱,请不要将其当作帮助。它会诅咒您的岁月，并剥夺您生命中最美好的事物。没有什么人比我们这一代富人缺乏经验的儿子和女儿可怜的多了。我可怜那个有钱人的儿子。他永远不会知道生活中最美好的事物。

我们一生中最好的事情之一是，一个年轻人靠自己谋生，当他与某个可爱的年轻女子订婚时，下定了决心要拥有自己的家。然后，同样的爱也带来了神圣的灵感，朝着更好的事物发展，他开始省钱。他开始摆脱不良习惯，把钱存进银行。当他有几百美元时，他到郊区去找房子。他可能去了[31]储蓄银行，只得到了一半的价值，然后去了他的妻子，当他第一次把新娘超过那扇门的门槛时，他用口才说了我的声音永远无法触摸："我自己赢得了这个家。这全是我的，我与你分道扬"。"那是人类内心曾经知道的最伟大的时刻。

但是一个有钱人的儿子永远不会知道这一点。他可能把他的新娘带进了一个更好的豪宅，但他不得不一直走下去，对妻子说："我妈妈给了我，妈妈给了我，妈妈给了我，"直到他的妻子希望她嫁给他的母亲。我可怜那个有钱人的儿子。

马萨诸塞州的统计数据表明，十七个富翁中没有一个儿子去世。我可怜有钱人的儿子们，除非他们对长者范德比尔特有很好的认识，有时这种情况会发生。他去找父亲说："你挣所有钱了吗？""我做到了，我的儿子。我开始在渡轮上工作，每天工作25美分。"他的儿子说："然后，我将一无所有",他也试图在星期六晚上在渡船上找到工作。他不能在那里找到一个人,但他确实得到了一个每周三美元的地方。当然,如果有钱人的儿子能够做到这一点,他将得到一个穷人的管教,这对任何人来说都比大学教育更有价值。这样他就可以照顾数以百万计的父亲。但通常有钱人不会让儿子做那使他们变得伟大的事情。通常,有钱人不会允许儿子工作,而他的母亲呢?为什么,如果她的那个贫穷,虚弱,小百合花,娘娘腔的小男孩不得不以诚实的劳动来谋生,她会认为这是一种社会耻辱。我可怜那些有钱人的儿子。

我记得在尼亚加拉大瀑布的人。我想我还记得很多。我认为有出席宴会的先生们,对不起他的朋友们。在费城这里的一个宴会上,有一个善良的年轻人坐在我旁边,他说:"康维尔先生,你病了两三年。当你出去时,带上我的豪华轿车,它将带你到宽阔的街道上的房子。"我非常感谢他,也许我不应该以这种方式提起这件事,但我会遵循事实。我和那辆豪华轿车的司机坐在外面的座位上,当我们上车时,我问司机:"这辆豪华轿车花了多少钱?""六千八百零八,他必须为此缴纳关税。"我说:"好吧,这台机器的所有者有没有亲自驾驶过它?"那个司机大笑起来,以至于他无法控制自己的机器。他对这个问题感到非常惊讶,以至于他在人行道上跑来跑去,又绕过一个拐角灯柱,再次驶入街道。当他走到街上时,他笑到整个机器都在颤抖。他说:"他驾驶这台机器！[33]哦，如果我们知道那里有足够的能力脱身，他将很幸运。"

我必须告诉你有关尼亚加拉大瀑布的一个有钱人的儿子。我从演讲中来到酒店，当我走近秘书的桌子时，那里站着一个来自纽约的百万富翁的儿子。他是人类学上难以描述的标本。他的头一侧有一个骷髅帽，顶部有一个金色的流苏，胳膊下有一个金头的手杖，里面有比头上更多的东西。描述那个年轻人是一件非常困难的事情。他戴着看不见的眼镜，不能走进的漆皮靴子和不能坐下的裤子，穿得像蚱。正当我进入时，这只人类板球来到店员的桌子上，调整了他那看不见的眼镜，朝这个店员说了这句话。你看，他认为这简直就是"英语"。"特里尔，您愿意为我提供豆木瓜和牙膏！"旅馆的店员迅速地测量了那个男人，于是他从抽屉里拿出信封和纸，将它们穿过柜台扔向那个年轻人，然后转向他的书本。当那些信封碰到柜台时，您应该已经看到了那个年轻人。他像个火鸡火鸡一样肿了起来，调整了他那看不见的眼镜，大喊："马上回来。现在，你要请一名治疗师把那巴巴木和珐琅器带给 。"哦，可怜的[34]可悲，可鄙的美国猴子！他无法携带二十英尺的纸张和信封。我想他不能放下手做。对于人性的这种胡闹我不感到可惜。年轻人，如果您没有资本，我会很高兴。您需要的是常识，而不是铜币。

我能做的最好的事情就是用大家都知道的实际事实来说明。在斯图尔特（），纽约一个可怜的男孩只有1.50美元才能开始生活。他在第一次创业中亏损了87½美分。这位年轻人第一次赌博输了，真幸运。那个男孩说："我再也不会赌博了。"他怎么亏了87½美分？也许大家都知道他是怎么失去这个故事的-因为他买了一些针，线和纽扣卖掉了人们不想要的东西，然后把它们留在了他的手上，这真是一个巨大的损失。男孩说："那样我不会再亏钱了。"然后他先走到门口，问人们他们想要什么。然后，当他发现了他们想要的东西后，便投入了62½美分来满足已知的需求。无论您在哪里选择，无论是在业务，专业，家务还是生活中，都要学习它，一件事就是成功的秘诀。您必须首先了解需求。您必须首先知道人们的需求，然后将自己投资到最需要的地方。在斯图尔特（）坚持这一原则，直到他后来的身价达到四千万美元，并拥有他的全部商店。在纽约继续他的出色工作。他的财富来自于他失去了一些东西，这使他获得了一个伟大的教训，那就是他只能将自己或自己的钱投资于人们需要的东西上。您的销售员什么时候会学到？您的制造商何时才能知道，要想一生成功，就必须了解人类不断变化的需求？运用自己，所有基督教徒，作为制造商，商人或工人来满足人们的需求。这是一条伟大的原则，涵盖了人类和圣经本身。

我听过的最好的例证是约翰·雅各布·阿斯特。你知道他住在纽约时是从阿斯特家族那里赚钱的。他因欠费而负债累累。但是那个可怜的男孩一无所获，这使阿斯特家族的财产发了大财。今晚在这里的一些年轻人会说："好吧，他们可以在纽约赚大钱，但是在费城却做不到！"我的朋友们，您是否读过一本精彩的《里斯书》（由于他最近的去世，他的记忆对我们很甜），其中包括他对1889年纽约百万富翁的记录的统计记录。如果您阅读该帐户，您会发现107位百万富翁中只有7位是在纽约赚钱的。那时，在房地产价值一千万美元[36]的107个百万富翁中，有67个是在少于3500名居民的城镇赚钱的。如果您了解房地产价值，今天这个国家最富有的人从未离开拥有3500名居民的城镇。它与您所处的位置并没有多大区别。但是如果您无法从费城致富，那么您当然不能在纽约做到。

现在，约翰·雅各布·阿斯特（）说明了可以在任何地方完成的工作。他曾经在一家小商店买了抵押，他们卖不出去的帽子足以支付他的钱利息。因此，他取消了抵押权，拥有了这家商店，并与同一个人，同一商店和同一资本结成了伙伴。他没有给他们一美元的资本。他们必须出售商品才能赚钱。然后他像以前一样将它们留在商店里，然后出去坐在树荫下的公园长凳上。约翰·雅各布·阿斯特（）在那做的是什么，并与那些自己失败的人合作？在我看来，他掌握着这种伙伴关系中最重要也是最愉快的部分。因为当约翰·雅各布

·阿斯特坐在那张长椅上时，他正看着夫人们经过。那个不会致富的人在哪里呢？当他坐在长凳上时，如果一位女士肩背朝上抬起头来，然后直视前方，好像她不在乎全世界是否都注视着她，那么[37]他研究了她的帽子，到了看不见的时候，他知道了框架的形状，装饰物的颜色以及羽毛中的皱纹。我有时尝试描述引擎盖，但并非总是如此。我不会尝试描述现代的引擎盖。能形容一个人的男人在哪里？这种各种各样的浮木聚集在头部的后部或脖子的侧面，就像只剩下一根尾羽的公鸡一样。但是在约翰·雅各布·阿斯特（）的那天，有一些关于小帽匠生意的艺术，他去了小帽匠商店对他们说："现在把橱窗放到我向你描述的那顶帽子上，因为我已经看到一位女士喜欢这样的帽子。在我回来之前，别再化妆了。"然后他走了出来，再次坐下，另一位女士经过了他，他的形态，肤色，帽子形状和颜色都不同。他说："现在，把它的帽子戴在橱窗里。"他没有在市区的橱窗中摆满帽子和帽子来将人们赶走，然后坐在后楼梯并大喊大叫，因为人们去了瓦纳梅克商行。他在那个橱窗里没有帽子或帽子，但是有些女士在妆前很喜欢。风俗习惯的潮流立即开始显现，这是该行纽约最大的商店的基础，现在仍然是三家商店之一。他们的财富是由约翰·雅各布·阿斯特（）在[38]生意失败后赚来的，不是给他们更多的钱，而是在女士们浪费了任何材料来弥补她们之后，找出女士们喜欢的帽子。我告诉你，一个人是否可以预见制粉业，他可以预见天堂下的一切！

假设我今晚要经过这个听众，问这个伟大的制造业城市中是否没有机会致富制造业。"哦，是的，"一个年轻人说，"如果您有一些信任，并且如果有两三百万美元作为资本开始，这里仍然有机会。"年轻人，对"大生意"的攻击破坏了信托的历史，仅说明了小男人现在的机会。如今，世界上从未有过像现在这样没有资本的情况下能够如此迅速地致富的时代。

但您会说："您无法做任何事情。没有资金就无法开始。"年轻人，请允许我说明一下。我必须要做这件事。这是每个年轻男人和女人的责任，因为我们所有人都将很快按照相同的计划开展业务。年轻人，请记住，如果您知道人们的需求，那么您对财富的了解就会超过任何数量的资本所能给您的。

在马萨诸塞州欣厄姆有一个穷人失业。他在屋子里闲逛，直到有一天他的妻子告诉他出去并工作，而且，当他住在马萨诸塞州时，他服从了他的妻子。他出去坐在海湾的岸边，将浸泡过的带状疱疹削减成一个木链。那天晚上他的孩子们为此争吵不休，为了保持和平，他又抽了第二个。当他正在消磨第二个玩具时，一个邻居进来说："为什么不把玩具卖掉并卖掉呢？您可以在那赚钱。"他说："哦，我不知道该怎么做。""为什么不问自己的孩子在自己家里的这里做什么呢？

""尝试这样做有什么用？"木匠说。"我的孩子不同于其他人的孩子。"（我在学校教书时曾经见过这样的人。）但是他按照提示行事，第二天早晨当玛丽从楼梯上下来时，他问："你想要什么玩具？"她开始告诉他，她想要一个洋娃娃的床，一个洋娃娃的盥洗盆，一个洋娃娃的马车，一个洋娃娃的小雨伞，然后列出了一些东西，这些东西将使他终生难忘。因此，在自己的房子里与自己的孩子商量时，他拿起了柴火，因为他没有钱买木材，并削减了那些坚固，未上漆的，在全世界享誉多年的铰链玩具。那个人开始为自己的孩子制作这些玩具，然后复制并通过隔壁的靴子店出售。他开始赚一点钱，然后再赚一点，先生。劳森在*疯狂的财务中*说，男人是马萨诸塞州老首富，我认为这是事实。这个人今天的身价是1亿美元，而且按照这一原则挣钱只有34年，即必须判断自己的孩子在家里喜欢别人的孩子在家里喜欢什么，太; 通过自己，妻子或孩子判断人的心灵。这是成功制造的皇家之路。"哦，"但是你说，"他没有资本吗？"是的，一把小刀，但是我不知道他为此付出了代价。

因此，我在新英格兰，康涅狄格州与一位观众交谈，一位女士向后坐了四个座位回家，试图脱下她的衣领，衣领纽扣卡在了扣眼里。她把它扔出去，说："我要站起来要比戴上项圈好。"她的丈夫说："经过今晚的安慰之后，您发现需要一种易于操作的改良领子紧固件。有人类需要；有很大的财富。领扣致富。"他取笑了她，因此取笑了我，这是我遇到的最可悲的事情之一，有时就像深夜的乌云。尽管我辛苦了半个多世纪，但我却很少曾经真正做到过。尽管伟大和你的恭维晚上的帅，我不相信有一个在你一说是要到[41]使美元一百万，因为你在这里今晚；但这不是我的错，是你的错。我真心地说。如果人们从不做我建议他们做的事情，我的谈话有什么用？当丈夫嘲笑她时，她下定决心要做一个更好的衣领纽扣，而当一个女人下定决心"她愿意"时，她什么也没说，就这样做了。就是那个新英格兰妇女发明了按扣，您现在可以在任何地方找到它。首先是一个衣领纽扣，外侧附有一个弹簧帽。任何穿着现代防水服的人都知道，按钮可以简单地按在一起，而当您松开按钮时，只需将其拉开即可。那是我发明的按钮，也是她发明的。之后，她发明了其他几个纽扣，然后投资了更多，然后与大工厂结成了伙伴。现在，那个女人每年夏天都在自己的私人轮船上过海-是的，并且把丈夫和她一起走了！如果她的丈夫死了，她现在将有足够的钱来购买外国公爵或伯爵或最新报价中的某种头衔。

现在那件事给我的教训是什么？就是这样：虽然我不认识她，但我现在告诉她，我现在对你说的是："你的财富离你太近了。你正看着它"。她必须仔细检查一下，因为它正好在下巴下面。

我在报纸上读到一个女人[42]从未发明任何东西。那张报纸应该重新开始。当然，我指的不是八卦，而是机器。如果我这样做，我可能会更好地包括男人。如果妇女没有发明什么报纸，那报纸就永远不会出现。朋友，想一想。女士们，想一想！您说您不能发大财，因为您可能正在洗衣服，或者正在缝纫机前走着，或者正在织机前走着，但是如果您遵循这个几乎无误的方向，您可以成为百万富翁。

当你说一个女人什么都没发明时，我问，谁发明了提花织机来编织你所穿的每一针？太太。提花。打印机的滚筒，印刷机，是农民的妻子发明的。谁发明了使国家富足的南方轧花呢？太太。格林将军发明了轧棉机，并向先生展示了这个主意。惠特尼，他像个男人一样抓住了它。谁发明了缝纫机？如果我明天要去学校问孩子，他们会说："埃莉亚斯·豪"。

他与我发生内战，经常在我的帐篷里，而且我经常听到他说他工作了十四年才弄起那台缝纫机。但是有一天他的妻子下定了决心，如果不久之后什么也没发明的话，他们就会饿死，于是两个小时内她发明了缝纫机。当然，他以自己的名义申请了专利。男人总是这样做[43]。谁发明了割草机和收割机？据先生。的机密信息最近出版，是一位西弗吉尼亚妇女，在他的父亲和他的收割机完全失败后放弃了，放弃了，用了很多剪子并将它们钉在木板的边缘，每一对的一根轴都松开，然后进行布线，这样，当她以一种方式拉动电线时，将其闭合，而当她以另一种方式拉动电线时，则将其打开，从而有了割草机的原理。如果您看一台割草机，您会发现它只是很多剪刀。如果一个女人可以发明割草机，一个女人可以发明提花织机，一个女人可以发明轧花机，一个女人可以发明手推车开关-就像她所做的那样，使手推车成为可能；如果一个女人能发明的话 卡内基说，伟大的铁压榨机奠定了数百万美国钢铁的基础，"我们"可以在星空下发明任何东西！我说这是为了鼓励男人。

谁是世界上最伟大的发明家？这节课又来了。伟大的发明家就坐在您旁边，否则您就是您自己。"哦，"但是您会说，"我一生中从未发明过任何东西。" 伟大的发明家们直到发现一个重大秘密都没有这么做。您认为这是一个人的头像蒲式耳尺还是一个人的头顶雷击？[44]两者都不是。真正的伟人是一个平凡，直率，每天都有常识的人。如果您没有看到他实际上所做的事情，您将不会梦想他是一个伟大的发明家。他的邻居们并不认为他是如此伟大。您永远不会在后围栏上看到任何出色的东西。你说邻居之间没有伟大。到处都是。他们的伟大曾经如此简单，朴素，如此认真，如此实用，以至于邻居和朋友从未意识到。

真正的伟大常常是无法被认识的。那是肯定的。你对最伟大的男人和女人一无所知。我出去写加菲猫将军的生活，一个邻居知道我很着急，正因为前门周围有很多人，我带我到加菲猫将军的后门四处大喊："吉姆！吉姆！" 不久，"吉姆"来到门口，让我进去。我写了该国一位最伟大人物的传记，但他和他的邻居一样，都是老"吉姆"。如果您认识费城的伟人，并且明天就应该见他，您会说："山姆，您好吗？"或"早上好，吉姆"。当然可以。那就是你要做的。

我在内战中的一名士兵被判处死刑，然后我去了华盛顿的白宫（这是我一生中第一次被派往那里）与总统见面。我走进进入候诊室，在长凳上与其他许多人坐下，秘书又一次又一次地问他想要什么。秘书通过电话后，他走进去，然后回到门口为我示意。我上去那间休息室，秘书说："那是总统那边的门。说唱就走吧。"朋友，我一生从未如此惊讶。秘书本人对我来说更糟，因为他告诉我怎么进去然后又走出左边的另一扇门并关上了门。我在美国总统门前独自在走廊上。我曾经在战场上，有时炮弹会尖叫，子弹有时会击中我，但我一直想逃跑。我对那个老人说："我会像进晚餐一样向大炮的嘴走去。"我不相信一个男人，这个男人在被枪击时并不足够害怕。当安蒂塔姆的炮弹围绕在我们周围时，我从来没有像那天那天进入那个房间那样害怕。但是我终于鼓起勇气-我不知道自己做过什么-并在门外了。里面的那个人根本没有帮助我，但大声喊道："进来坐下！"

好吧，我进去坐在椅子的边缘上，希望自己在欧洲，桌上的那个人没抬头。他是世界上最伟大的人之一，而且仅凭一条规则就变得伟大。哦，费城的所有年轻人现在都在我身前，我只能说一件事，他们会记住的。我将为它对我们的城市和文明带来的影响付出一生的时间。亚伯拉罕·林肯的伟大原则几乎可以被所有人接受。这是他的规则：无论他要做什么，他都全神贯注并坚持到底，直到一切完成。使男人几乎在任何地方都很棒。他贴在那张桌子上的那些文件上，没有抬头看着我，我坐在那里颤抖。最终，当他把绳子缠绕在纸上时，他将它们推到一边，朝我望去，破旧的脸上露出了微笑。他说："我是一个非常忙碌的人，只有几分钟的空闲时间。现在用最少的话告诉我你想要什么。"我开始告诉他，并提起了案件，他说："我已经听说了一切，您无需再说了。斯坦顿先生几天前才和我说话。您可以到酒店，请放心，总统从未签署过命令开枪射击二十岁以下的男孩，也永远不会这样做。你可以对他的母亲说。"

然后他对我说："田间情况如何？"我说："我们有时会灰心。"他说："没关系。我们现在要赢得胜利。我们已经接近尾声了。没有人应该希望成为美国总统，当我获得美国总统时我会很高兴的通过；然后，我要去伊利诺伊州的斯普林菲尔德，我在那儿买了一个农场，我不在乎我是否再次每天只赚25美分。有一个子队，我们打算植物洋葱。"

然后他问我："你是在农场长大的吗？"我说："是的；在马萨诸塞州的伯克郡山丘上。"然后他把腿扔在大椅子的拐角处，说道："自从我小时候，我就听过很多次了，在那些山上，你必须削尖羊的鼻子，才能下到岩石间的草。"他是如此的熟悉，如此的每天，如此的农夫般，以至于我立刻感到和他在一起。

然后他拿起另一卷纸，抬头看着我说："早上好。"然后我接受了提示，起身走了出去。我走了以后，我什至不知道我曾经见过美国总统。但是几天后，当我仍然在城市里时，我看到人群从亚伯拉罕·林肯的棺材的棺材穿过东厅，当我看着被谋杀的总统的翘翘的脸时，我感到那时我见过的那个人不久之前，如此简单的一个人，如此朴素的一个人，是上帝所培养出来的最伟大的人之一，他带领着一个国家实现了最终的自由。[48]然而，他只是对邻居"老安倍"。当他们举行第二次葬礼时，我受邀参加其他活动，然后出去看那具棺材放回斯普林菲尔德的墓中。坟墓周围站着林肯的老邻居，他只是"老安倍"而已。当然，这就是他们要说的。

您是否见过一个男人步步高大，以至于找不到普通的工作机械师？你认为他很棒吗？他不过是一个被大脚踩着的气球。那里没有伟大。

谁是伟人？前几天，我的注意力被召唤到一件很小的事情的历史上，那件事使一个非常贫穷的人发了大财。这是一件可怕的事情，但是由于这种经历，他（不是一个伟大的发明家或天才）发明

了现在被称为安全别针的别针,并从那个安全别针中赚了一个贵族家族的财富。这个国家的

马萨诸塞州的一个穷人在指甲店打工,三十八岁受伤,他只能挣点钱。他受雇在办公室擦去铅笔备忘录上的钞票上的标记,然后用橡皮擦,直到手累了。然后,他在棍子的末端绑上一块橡胶,像飞机一样工作。他的小女孩来对他说:"为什么,你有专利,不是吗?"父亲随后说:"当我拿起那根棍子并在橡胶的末端放了一个专利时,我的女儿告诉我[49],这是对此的第一个念头。"他去了波士顿并申请了他的专利,现在你们每个人的口袋里都有一支橡皮尖的铅笔正在向百万富翁致敬。没有资本,他没有投资。全部都是收入,一路攀升至数百万。

但是让我加快彼此的思考。"告诉我住在费城的伟人。"那里的一位绅士会站起来说:"我们在费城没有任何伟人。他们没有住在这里。他们住在罗马,圣彼得堡,伦敦,曼纳尤克或其他任何地方,但在这里我们的城市。"我现在来到了我的思想的顶点。我现在已成为整个问题的核心和斗争的中心:为什么费城不以其更大的财富成为一个更大的城市?纽约为何擅长费城?人们说,"因为她的港口"。为什么美国其他许多城市现在都领先费城?答案只有一个,那是因为我们自己的人民在自己的城市说话。如果地球上曾经有一个必须被迫向前推进的社区,那就是费城。如果我们要有一条林荫大道,请把它说下来;如果我

们要有更好的学校，请劝说他们；如果您希望拥有明智的立法，请说不定；谈论所有建议的改进。那是我可以躺在宏伟的费城脚下的唯一[50]大错，费城对我是如此友善。我说现在是时候让我们在城市里转身，开始谈论我们城市中的事物，并开始将它们摆在世界各地，以芝加哥，纽约，圣马丁的人民为重。路易斯和旧金山。哦，如果我们只能让这种精神在我们的人民中发扬光大，那么我们就可以在费城做事并做得好！

数以百万计的费城人崛起，对上帝和人的信任，并相信这里的巨大商机-不是在纽约或波士顿，而是在这里-进行商业活动，为地球上所有值得生活的事物。从来没有更大的机会。让我们谈谈我们自己的城市。

但是今晚还有另外两个年轻人，这就是我敢说的，因为为时已晚。那里的一个人站起来说："费城会有一个伟人，但从来没有一个。""哦，是吗？你什么时候变得很棒？""当我当选政治职务时。"年轻人，您难道不会在政治入门课上学到一个教训，即这是*表面上*证据表明在我们的政府形式下任职很少吗？伟人有时会上任，但是这个国家需要的是能够按照我们要求他们做的人。这个由人民统治的国家是由人民统治的，对人民而言，只要是这样，那么公职人员就是[51]人的仆人，圣经说，仆人不能更大比师父 圣经说："被差遣的人不能大于差遣他的人。"人民统治或应该统治，如果他们统治了，我们就不需要上任。如果美国的伟人担任我们的职务，我们将在未来十年内转变为帝国。

我知道有很多年轻的女人，现在女人的选举权就要来了，她们说："有一天，我将成为美国总统。"我相信女人的选举权，毫无疑问，但是这是即将到来的事情，无论如何，我都避开了。我可能一个人一个人想要一个办公室；但是，如果要任职的雄心影响了妇女投票的欲望，我想在这里对年轻人说些什么，即如果您仅能投一票，那么您就不会得到任何东西。值得一会儿。除非您能控制多于一票，否则您将一无所知，而且您的影响力几乎消失不见。这个国家没有选票。你认为是吗？它受影响力支配。它由野心和控制选票的企业控制。那个认为自己将要出任职务而要投票的年轻女人犯了一个可怕的错误。

另一个年轻人站起来说："这个国家和费城将会有伟人。""是吗？什么时候？""当一场伟大的战争爆发时，当我们因在墨西哥等着守候而陷入困境时；当我们因琐碎的事而与英国，日本，中国，新泽西或某个遥远的国家爆发战争时，我将走进大炮的嘴；我将扫过闪闪发光的刺刀；我将跳入竞技场，撕下旗帜，胜利地摘下它。国家的礼物，我将很棒。"不，你不会。您认为办公室将使您变得更加出色，但是请记住，如果在升职之前您并不出色，那么当您固定办公室时就不会很棒。那样的形状只会是滑稽的。

西班牙战争过后，我们在这里度过了和平周年纪念日。在西部，他们不相信这一点，因为他们说："费城直到五十年都不会听说过任何西班牙战争。"你们中有些人看到游行队伍走在宽阔的街道上。我不在了，但是一家人给我写信说，那辆载有霍布森中尉的-教练就停在前门，人们大喊："为霍布森加油！"如果我去过那里，我也会大喊大叫，因为他应得的国家比他应得的更多。但是假设我上学说："谁在圣地亚哥沉没了美人鱼？"如果男孩们回答我"霍布森"，他们会告诉我八分之一的谎言。那个轮船上还有另外七个英雄，由于他们的位置，他们不断受到[53]西班牙大火的袭击，而霍布森，作为一名军官，可能合理地处于烟囱后面。您聚集了这座房子中最聪明的人，但也许，这里没有人可以说出另外七个人。

我们不应该这样讲历史。我们应该教导人们，不管一个人的地位多么卑微，如果他在那个地方充分履行职责，那么他将获得美国人民的荣誉，就如同国王登基一样。但是我们不这样教。我们现在到处都在教导将军们进行所有战斗。

我记得战争结束后，我去见了罗伯特·将军。，这位伟大的基督教绅士，南北双方现在都以我们伟大的美国人之一而自豪。将军向我讲述了他的仆人"拉斯图斯"，他是一名入伍的有色士兵。他有一天打电话给他取笑他，说："拉斯特，我听说贵公司的所有其他人都被杀了，为什么不杀了你呢？"拉斯图斯对他眨了眨眼，对他说："因为什么时候发生战斗，我都会和将军们呆在一起。"

我记得另一个例证。我会省略它，但事实上，当您去图书馆阅读本讲座时，您会发现它已经印刷了二十五年了。我闭上眼睛，闭上眼睛，瞧！我看到了我青年时代的面孔。是的，他们有时对我说："你的头发不是白色的；你在晚上[54]白天工作，而且似乎从未停止过；你不可能老了。"但是当我像我这个年龄的其他任何人一样闭上眼睛时，哦，然后赶回远古时爱与失落的面孔，我知道，无论男人怎么说，都是晚上。

我现在闭上眼睛，回头看看我在马萨诸塞州的家乡，我看到山顶上放牛的场面。我可以在那里看到马棚。我可以看到教会教堂；参观市政厅和登山者的小屋；看到一群人穿着华丽的衣服出来，我可以看到旗帜飘扬，手帕挥舞着，听见乐队演奏。我可以看到那支重新入伍的士兵在那头牛展场上前进。我当时只有一个男孩，但我是那家公司的队长，并为此感到骄傲。一根碳纤维的针头会使我全都碎裂。然后我认为这是有史以来人类最伟大的事件。如果您曾经想过要当国王或王后，那您就去接受市长的接待。

乐队演奏了，所有的人竟然接待了我们。我朝着我的部队首领那面骄傲的方向前进，然后我们走进了市政厅。然后他们让我的士兵们坐在中央过道的下面，我坐在前排座位上。一大群人（一百或两千人）进来填补市政厅，使他们四处站着。

然后镇官进来形成半圈。镇上的[55]市长坐在月台中间。他是一个以前从未担任过职务的人；但是他是个好人，他的朋友告诉我，我可以在不冒犯他们的情况下使用它。他是一个好人，但他认为办公室可以造就一个伟大的人。当他突然发现我坐在前排座位上时，他站起来坐下，调整了自己的眼镜，环顾四周。他在平台上向前走，并邀请我和镇务人员坐在一起。在我参战之前，没有任何镇长对我有任何注意，只是建议老师殴打我，现在我被邀请与镇长一起在看台上。天啊！当时的镇长是皇帝，是当今和时代的国王。当我登上平台时，他们给了我关于这方面的椅子，我想说的是从前面。

当我坐下时，选拔主席升起身来，到桌前，我们都认为他会介绍公会部长，他是城里唯一的演说家，他会把演说交给回国士兵。但是，朋友，当他们发现老家伙本人要发表演讲时，您应该已经看到了令听众惊讶的惊喜。他一生中从未发表过演讲，但他陷入了与其他数百人陷入同样的错误中。似乎很奇怪，一个男人如果不打算[56]在长大后成为演说家，就不会学会必须说小时候的讲话，但是他似乎认为他所要做的就是保持办公室的地位。做一个伟大的演说家。

于是他走到最前面，带来了一个演讲，他是在牧场上走来走去的。他随手带来了手稿，并将其散布在桌子上，以确保他能看到它。他调整了一下眼镜，将身体倾斜了片刻，然后回到那个平台上，然后就这样向前走了-流浪汉，流浪汉，流浪汉。当您想到它时，他一定对这个主题进行了很多研究，因为他采取了"言语"态度。他沉重地靠在他的左脚跟上，向后退，向右脚稍微前进，打开了言语器官，并以四十五度角向右脚前进。当他站在言语态度上，朋友时，这就是演讲的方式。有人对我说："你不夸大吗？"那是不可能的。但是我在这里只是为了上课，而不是为了故事，这就是它的去向：

"同胞们"—他一听到他的声音，手指就开始像这样走动，膝盖开始颤抖，然后浑身发抖。他咽吞咽，来到桌子旁看手稿。然后他用握紧的拳头站起来，回来："同胞们，我们是同胞们，我们是，我们是，我们是，我们是，我们是，我们很高兴，我们非常很高兴，我们很高兴，我们很高兴欢迎这些战斗并流血的士兵回到他们的故乡，再回到他们的故乡，我们特别-我们特别-我们特别。今天很高兴和我们一起见到这个年轻的英雄（意思是我）—"这个有想象力的年轻英雄"（朋友们，请记住他说过；如果他没有说"有想象力"，我将不会自负"。""这位年轻的英雄，在想象中我们看到了领先–我们看到了领先–领先。我们看到了带领他的部队前进到致命的突破口。我们看到了他的光芒–我们看到了他的光芒– 当他向部队大喊时，他的光芒-他的发光剑-闪烁着。在阳光下闪烁着，"来吧！"

噢，亲爱的，亲爱的！那个好男人对战争知之甚少。如果他对战争一无所知，他应该知道今晚我在这里的任何同志同志会告诉你的事实是，对于步兵军官来说，在危险中继续前进几乎是犯罪。他的男人。"我，我的闪亮剑在阳光下闪烁，向我的部队大喊，"加油"！"我从来没有做过。您是否认为我会在我的士兵面前遭到敌人的枪击而在自己的士兵后面被击中？那不是官员的地方。对于地方在实际战斗人员是线后面。当参谋部突然被召入战场，叛军大吼大叫地从树林里出来时，我作为参谋部的骑手多久下一次，大喊："后方军官！后方军官！"然后每个军官都会落后于私人士兵，军官的级别越高，他就越落后。不是因为他不那么勇敢，而是因为战争法则对此有所要求。可是他却大声喊道："我，用我那把闪亮的剑-"在那间房子里坐着我的士兵们，他们把那个男孩抬过卡罗来纳河，他可能不会弄湿他的脚。他们中的一些人为了获得猪或鸡而走得很远。他们中的一些人在田纳西州山区被贝壳扫过的松树下死了，但是在好汉的讲话中，他们却鲜为人知。他确实提到了他们，但只是偶然地。当时的英雄是这个男孩。国家欠他什么吗？不，那什么也没有，现在什么也没有。他为什么是英雄？仅仅是因为那个人犯了同样的人为错误-这个男孩很棒是因为他是军官，而这些人只是私人士兵。

哦，我吸取了教训，只要时间的钟声继续为我摆动，我将永远不会忘记。伟大不在于担任将来的职务，而在于在于以小手段去做大事，并从私人生活中[59]实现宏伟的目标。成为一个伟大的人，现在必须在费城这里成为一个伟大的人。谁能给这个城市更好的街道，更好的人行道，更好的学校，更多的大学，更多的幸福和更多的文明，更多的上帝，他将在任何地方变得伟大。让每个男人或女人在这里，如果您再也听不到我的话，请记住这一点，即如果您想成为一个伟大的人，那么现在就必须在费城开始自己的现状和现状。可以给城市带来任何祝福的人，可以在自己居住期间成为好公民的人，可以改善住房的人，可以在商店工作，坐在柜台后面或保留房屋的人可以得到的祝福，无论他的生活如何，在任何地方都将成为伟大的人必须首先在自己的费城中表现出色。

www.ingramcontent.com/pod-product-compliance
Lightning Source LLC
LaVergne TN
LVHW021742060526
838200LV00052B/3414